Gatos, gatos y más gatos

Escrito por Gare Thompson
Adaptación al español por Rubí Borgia

STECK-VAUGHN COMPANY

A Division of Harcourt Brace & Company

www.steck-vaughn.com

Los gatos tienen

cuatro patas,

colas largas,

muchos bigotes,

5

narices pequeñas,

ojos brillantes

y muchos amigos.